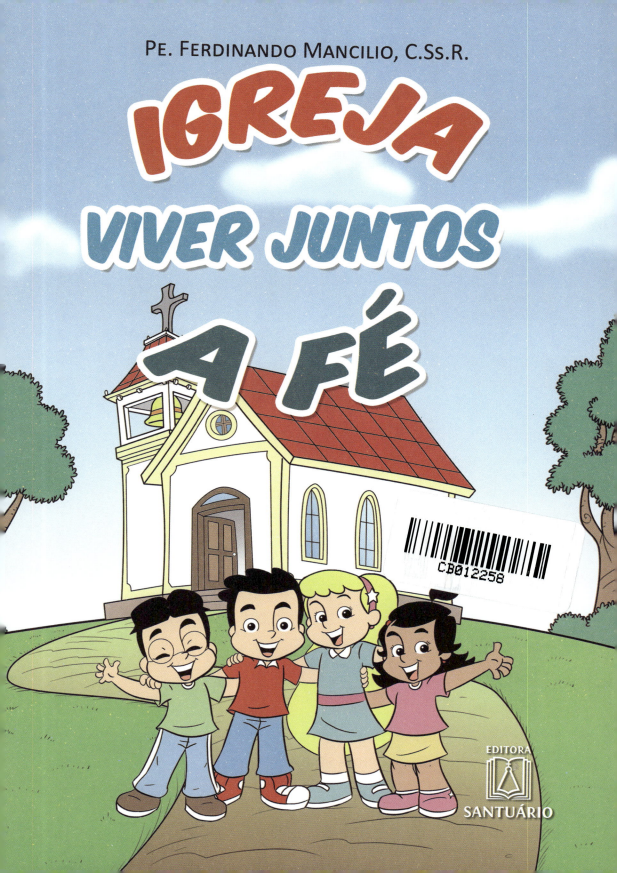

Direção Editorial:
Pe. Fábio Evaristo Resende Silva, C.Ss.R.

Coordenação Editorial:
Ana Lúcia de Castro Leite

Copidesque:
Ana Lúcia de Castro Leite

Revisão:
Luana Galvão
Manuela Ruybal

Ilustrações e Capa:
Reynaldo Silva

Diagramação:
Bruno Olivoto

ISBN 978-85-369-0403-0

1ª impressão

Todos os direitos reservados à **EDITORA SANTUÁRIO** – 2015

 Composição, CTcP, impressão e acabamento:
EDITORA SANTUÁRIO - Rua Padre Claro Monteiro, 342
12570-000 - Aparecida-SP - Fone: (12) 3104-2000

APRESENTAÇÃO

A Editora Santuário, cumprindo sua missão catequética e evangelizadora, coloca ao alcance dos pais, catequistas e das Comunidades a Coleção **Sementinhas de fé**. O projeto quer ser um subsídio que complemente e dinamize o processo catequético, oferecendo os principais elementos da fé cristã, numa linguagem simples e adequada à idade das crianças, que estão sendo iniciadas em sua vida de fé.

Os livros foram concebidos para serem bastante interativos, com ilustrações e tarefas que despertam o interesse da criança em explorar e conhecer os conteúdos que serão aprofundados na catequese. Portanto, os livros podem ser usados tanto no contexto da catequese formal, oferecida pelas Comunidades, como também pelos pais, pastorais e grupos que trabalham com crianças.

Há desenhos intencionalmente preparados para a criança colorir conforme sua percepção. É bom deixá-la colorir conforme seu desejo. Melhor o adulto não interferir, mas sim dar uma palavra de incentivo. Os catequistas ou os pais poderão ajudar a criança a penetrar cada página, mas jamais subtrair sua reflexão. Quando a criança fizer uma pergunta, essa jamais poderá deixar de ser respondida, e é bom lembrar que a resposta não deve ser além de sua pergunta.

Neste sexto volume, intitulado **Igreja: Viver juntos a fé**, pretendemos mostrar uma Igreja alegre e que chama para a vida de Comunidade, lembrando que esse é o querer de Deus. Assim, a criança poderá ter uma visão mais adequada do sentido de ser e viver a Igreja.

Desse modo, esperamos colaborar com a formação humana e cristã das crianças, ajudando os pais e catequistas a ter em mãos um material que os auxilie nesse compromisso de fé.

Tudo o que for feito para ajudar as pessoas, a começar pelas crianças, seja para a glória de Deus e de seu Filho Jesus Cristo. Assim seja.

Pe. Ferdinando Mancilio, C.Ss.R.

IGREJA: VIVER JUNTOS NA FÉ!

Você já viu como as formiguinhas de um formigueiro trabalham unidas para construir sua casa e buscar o alimento de que precisam? Elas são muito fortes na união.

O Pai do Céu quer que sejamos muito unidos também. Quer que sejamos sua Igreja e vivamos unidos como irmãos e irmãs de verdade!

E você será uma parte dessa Igreja de Jesus, vivendo feliz com os outros e com sua família!

DEUS FEZ O CÉU E A TERRA! CRIOU VOCÊ E SEUS PAIS, SEUS COLEGUINHAS E SUA FAMÍLIA MUITO PARECIDOS COM ELE. NÓS DIZEMOS ASSIM: "ELE NOS FEZ A SUA IMAGEM E SEMELHANÇA!"

Tudo o que Deus fez é muito bonito. Mas o mais bonito de tudo sou eu, é você! Somos nós! Sabe por quê? Porque nós nos parecemos muito com Deus: somos sua imagem e semelhança...

Então Deus fez tudo com muito AMOR!
Sem amor ninguém vive!
Nem eu, nem você!
Quando amamos, gostamos das pessoas, somos felizes e fazemos as coisas do jeito que Jesus nos ensinou.

DEUS FEZ VOCÊ COM MUITO AMOR! AME-O TAMBÉM!

Você gosta de viver junto
de sua família?
Claro, eu também!
Deus não quer que a gente
viva sozinho, sozinha...
É muito triste viver
sozinho, sozinha.
O bom é a gente viver
sempre unido, em casa,
com os coleguinhas...
Quem não ama não gosta
também de viver junto
com os outros.

É MUITO TRISTE A FAMÍLIA QUE VIVE DESUNIDA, SEM AMOR, SEM RESPEITO. JESUS NÃO GOSTA QUANDO A GENTE VIVE DESUNIDO.

QUANDO FAZEMOS O SINAL DA CRUZ, INVOCAMOS AS TRÊS PESSOAS DA SANTÍSSIMA TRINDADE.
FAÇA O SINAL DA CRUZ:

EM NOME DO PAI †

E DO FILHO

E DO ESPÍRITO SANTO!

AMÉM!

VOU CONTAR UMA HISTORINHA PARA VOCÊ. ACHO QUE VOCÊ QUER CONHECÊ-LA. ENTÃO PRESTE ATENÇÃO:

LÁ NO FUNDO DO MAR, HAVIA UM CAVALO-MARINHO QUE GOSTAVA MUITO DOS BICHINHOS QUE LÁ VIVIAM. ELE TINHA UM CASACÃO BEM GRANDÃO, QUE ERA CHEIO DE BOLSO. EM CADA BOLSO, TINHA UM REMÉDIO PARA CADA COISA.

O Cavalo-Marinho continuou nadando e encontrou o tubarão, que estava com uma dor de dente danada. "Ai meu dente, ai meu dente", ficava resmungando. O Cavalo-Marinho pegou o remédio de dor de dente, que estava em seu casacão, deu para o tubarão, e ele saiu gritando no fundo do mar: "Oba, oba, minha dor de dente já passou!"
E assim o Cavalo-Marinho socorria todo o mundo no fundo do mar...

MAS, OLHE, O CAVALO IA SE CASAR. ELE TINHA COMPRADO AS ALIANÇAS, MAS, NESSA ANDANÇA TODA NO FUNDO DO MAR, PERDEU-AS. E LÁ NO FUNDO DO MAR NÃO SE CASA SEM ALIANÇAS. ENTÃO ELE VOLTOU PARA CASA MUITO TRISTE, PORQUE NÃO PODIA CASAR-SE.

AH! MAS A BALEIA E O TUBARÃO JUNTARAM OS BICHINHOS TODOS LÁ DO FUNDO DO MAR E SAÍRAM A PROCURAR AS ALIANÇAS, ATÉ ENCONTRAREM.

Depois foram à casa do Cavalo-
-Marinho, bateram à porta. Ele
olhou pela janela, viu todos os
bichinhos do mar, abriu a porta e
mandou todos entrarem.
Ele era bom ou ruim?
Então a baleia falou assim
para o Cavalo-Marinho: "Olhe,
cavalinho-marinho, porque você
foi muito bom para nós, nós
queremos dar-lhe um presente".

VAMOS REZAR

Pai do Céu, eu estou crescendo no corpo a cada dia. Eu quero aprender as coisas bonitas que o Senhor nos ensinou. Foi Jesus quem nos ensinou o jeito que o Senhor gosta. Eu vou crescer não só no corpo, mas em seu amor também. Eu quero fazer coisas boas e bonitas. Eu não gosto de nenhuma maldade, elas deixam a gente triste. Eu quero fazer só o bem.
Amém!

APRENDER E GUARDAR NO CORAÇÃO:

1. SER IGREJA É VIVERMOS MUITO _____ COM AS _____

2. SER IGREJA É A GENTE SEMPRE PRATICAR O _____

3. JESUS MANDOU O _____ SOBRE OS APÓSTOLOS E _____

4. SOU IGREJA QUANDO EU PARTICIPO DA MINHA _____

5. QUANDO EU CRESCER MAIS VOU _____ AS PESSOAS NA _____

(1. UNIDOS – PESSOAS – 2. BEM – 3. ESPÍRITO SANTO – NOSSA SENHORA – 4. COMUNIDADE – 5. AJUDAR – COMUNIDADE)

VAMOS AGORA APRENDER UMAS COISAS BEM BONITAS

Foi Jesus que veio nos ensinar
a fazer sempre o bem!
Você faz o bem quando obedece
a seus pais, respeita seus
irmãozinhos e coleguinhas...
Quando se lembra de Jesus e
fala com Ele rezando...
Quando ajuda os outros...
Fazendo assim, faz como Jesus
nos mandou fazer.
E Ele fica feliz com você...

JESUS NÃO GOSTA QUE VIVAMOS SOZINHOS(AS). NEM ELE QUIS VIVER SOZINHO. POR ISSO CHAMOU OS DOZE APÓSTOLOS PARA FICAREM COM ELE. E OS APÓSTOLOS APRENDERAM TUDO O QUE JESUS LHES ENSINOU. MAS ANTES DE JESUS IR PARA O CÉU, DEPOIS DE SUA RESSURREIÇÃO,

ELE PEDIU PARA OS APÓSTOLOS
CONTINUAREM FAZENDO TUDO
O QUE ELE TINHA FEITO E ENSINADO.
E OS APÓSTOLOS FIZERAM
O QUE JESUS PEDIU.

Então nasceu a IGREJA de Jesus.
Os Apóstolos ensinavam para as pessoas as coisas que Jesus tinha ensinado:
O EVANGELHO.
As pessoas se encontravam, e todas viviam muito felizes.
VIVIAM UNIDAS!

Ser igreja é estarmos unidos com Jesus e com as pessoas! Por isso ninguém pode viver sozinho. Jesus gosta quando estamos juntos e felizes com os outros.
Por isso, um dia, os Apóstolos, que eram os amiguinhos de Jesus, estavam lá todos juntos conversando, rezando. Nossa Senhora também estava lá. Ela era muito amiga dos Apóstolos. Então Jesus cumpriu o que ele havia prometido: mandou lá do céu o Espírito Santo sobre eles. Aí os Apóstolos não ficaram mais com medo de nada e começaram a falar de Jesus para todo o mundo e em todos os lugares.

ENTÃO SER IGREJA É VIVERMOS UNIDOS COM OS OUTROS, PRATICANDO O BEM, PORQUE FOI ASSIM QUE JESUS NOS ENSINOU.

Olhe, quando Jesus nos ensinou a rezar o PAI-NOSSO, Ele mandou chamarmos Deus de PAI-NOSSO e não de "PAI MEU". É bonito demais quando rezamos com os outros, de mãos dadas até, chamando Deus de PAI-NOSSO, não é? Vamos agora rezar do jeito que Jesus nos ensinou:

PAI NOSSO, QUE ESTAIS NOS CÉUS,
SANTIFICADO SEJA O VOSSO NOME.
VENHA A NÓS O VOSSO REINO,
SEJA FEITA A VOSSA VONTADE,
ASSIM NA TERRA COMO NO CÉU.
O PÃO NOSSO DE CADA DIA
NOS DAI HOJE,
PERDOAI AS NOSSAS OFENSAS,
ASSIM COMO NÓS PERDOAMOS
A QUEM NOS TEM OFENDIDO,
E NÃO NOS DEIXEIS CAIR
EM TENTAÇÃO,
MAS LIVRAI-NOS DO MAL
AMÉM!

A IGREJA É MUITO IMPORTANTE PARA MIM, PARA O PAPAI E A MAMÃE, PARA TODO MUNDO.
NELA A GENTE APRENDE A SER MAIS DE JESUS. E QUEM É DE JESUS É FELIZ.
EU VOU CRESCENDO DIA A DIA, E ASSIM QUERO CRESCER TAMBÉM POR DENTRO DE MIM, NO AMOR.
JESUS, EU GOSTO MUITO DO SENHOR. O SENHOR É MEU SALVADOR.
FIQUE COMIGO HOJE E SEMPRE... SEMPRE... SEMPRE...